BEI GRIN MACHT SICH IHR WISSEN BEZAHLT

AF149524

- Wir veröffentlichen Ihre Hausarbeit,
  Bachelor- und Masterarbeit

- Ihr eigenes eBook und Buch -
  weltweit in allen wichtigen Shops

- Verdienen Sie an jedem Verkauf

Jetzt bei www.GRIN.com hochladen und kostenlos publizieren

GRIN

Bibliografische Information der Deutschen Nationalbibliothek:

Die Deutsche Bibliothek verzeichnet diese Publikation in der Deutschen National-
bibliografie; detaillierte bibliografische Daten sind im Internet über http://dnb.d-
nb.de/ abrufbar.

Impressum:

Copyright © 2015 GRIN Verlag, Open Publishing GmbH
Druck und Bindung: Books on Demand GmbH, Norderstedt Germany
ISBN: 978-3-668-23273-0

Dieses Buch bei GRIN:

http://www.grin.com/de/e-book/324180/der-widerstand-gegen-den-nationalsozia-
lismus-effektive-verteidigung-demokratischer

Marie-Isabell Rust

Der Widerstand gegen den Nationalsozialismus. Effektive Verteidigung demokratischer Grundwerte und Moralvorstelluingen?

GRIN Verlag

GRIN - Your knowledge has value

Der GRIN Verlag publiziert seit 1998 wissenschaftliche Arbeiten von Studenten, Hochschullehrern und anderen Akademikern als eBook und gedrucktes Buch. Die Verlagswebsite www.grin.com ist die ideale Plattform zur Veröffentlichung von Hausarbeiten, Abschlussarbeiten, wissenschaftlichen Aufsätzen, Dissertationen und Fachbüchern.

Besuchen Sie uns im Internet:

http://www.grin.com/

http://www.facebook.com/grincom

http://www.twitter.com/grin_com

Marie-Isabell Rust

Der Widerstand gegen den Nationalsozialismus

Hausarbeit

im Fach Geschichte

Neue Nikolaischule

Leipzig, den 03.06.2015

Inhaltsverzeichnis

# 1.	Einleitung

In der folgenden Ausarbeitung beschäftige ich mich mit dem Widerstand gegen den Nationalsozialismus. Dabei beschränke ich mich auf den während der Herrschaftszeit von Adolf Hitler von 1933 bis 1945 geleisteten Widerstand.

Mit dieser Arbeit möchte ich auch deutlich machen, dass der Widerstand gegen die NS-Herrschaft und die damit verbundenen Sabotage- und Gewaltakte eine Legitimation aufgrund der Verteidigung demokratischer Grundwerte und der Moralvorstellungen einer zivilisierten Welt hatte und nicht mit den Terrorakten der heutigen Zeit vergleichbar ist.

„Widerstand gegen das Gewaltregime, gegen den Staat, der Unrecht propagiert und Verbrechen begeht, gegen Machthaber, die Menschenrecht und Menschenwürde mit Füßen treten, ist legitim und notwendig."[1]

Gleichzeitig möchte ich aber auch die These belegen, dass der deutsche Widerstand gegen das Nazi-Regime niemals zu dessen Sturz von innen heraus geführt hätte. Dies ist die eigentliche Schuld der deutschen Generation des Dritten Reiches.

# 2.	Begriffserklärung

Im Allgemeinen versteht man unter dem Faschismus rechtsradikale und autoritäre politische Bewegungen oder Systeme, die sich vor 1945 gebildet haben.[2] Die faschistische Herrschaftsform basierte auf einem antiparlamentarischen und antidemokratischen Einparteiensystem.

Der Nationalsozialismus ist eine extrem antisemitische, rassistische, antikommunistische und antidemokratische Weltanschauung.[3] Diese Ideologie entwickelte sich im deutschen Sprachraum seit 1860 durch Verbindung nationaler und sozialistischer Ideen. Der Nationalsozialismus stellt eine Form des Faschismus dar. Die nationalsozialistische Idee basiert auf den folgenden drei Schwerpunkten: dem Kampf um das Dasein mit der Selektion der Schwachen durch die Starken, dem Kampf um Lebensraum für das germanische Volk und der Verteufelung der Juden als Ursache aller Defizite.[4]

Unter dem Dritten Reich versteht man seit Ende des zweiten Weltkrieges die Zeit des Deutschen Reiches von 1933 bis 1945, also die Zeit des Nationalsozialismus.[5] Die Begrifflichkeit des „Dritten Reiches" ist auf die Einteilung der Weltgeschichte aus christlicher Sicht in drei Reiche zurückzuführen. Es handelt sich dabei um das heidnische Reich, das Reich des Alten Testaments und das christliche Reich.[6] Die nationalsozialistische Propaganda nutzte die Begriffe „Drittes Reich" oder „Tausendjähriges Reich", um ihren ewigen Machtanspruch darzustellen.

---

[1] Vgl. Benz, Wolfgang; Der deutsche Widerstand gegen Hitler; 1. Auflage; München, 2014; S.7
[2] Vgl. Liepach, Martin; Nationalsozialismus und Zweiter Weltkrieg; 2. Auflage; Freising, 2009; S.93
[3] Vgl. http://de.wikipedia.org/wiki/Nationalsozialismus (15.05.2015)
[4] Vgl. Liepach, Martin; Nationalsozialismus und Zweiter Weltkrieg; 2. Auflage; Freising, 2009; S.97
[5] Vgl. http://de.wikipedia.org/wiki/Drittes_Reich (18.05.2015)
[6] Vgl. Voegelin, Eric; Die politischen Religionen; 3. Auflage; München, 2007; S.39

3.   Historische Einordnung des Geschehens

3.1   Das Ende der Weimarer Republik als Nährboden für den Nationalsozialismus

Nach Ende des ersten Weltkrieges wurde am 09.11.1918 die Weimarer Republik in Deutschland ausgerufen und damit das Ende des Deutschen Kaiserreiches besiegelt. Ende 1918 wurde die Wahlen zur Deutschen Nationalversammlung einberufen. Am 19. Januar 1919 fanden die Wahlen zur „Verfassungsgebenden Nationalversammlung" statt. Eine Koalition aus SPD, DDP (Deutsche Demokratische Partei) und Zentrumspartei erhielt zusammen 75% der Stimmen. Die Nationalversammlung setzte am 13. Februar 1919 die neu gebildete Regierung ein und wählte den Reichspräsidenten. Philip Scheidemann wurde Reichskanzler und Friedrich Ebert Reichspräsident. Die neue Regierung sah sich vor allem mit den Herausforderungen durch die Reparationszahlungen im Rahmen des Versailler Vertrages konfrontiert.[7] Der Versailler Vertrag trat am 10. Januar 1920 in Kraft und verpflichtete Deutschland zu Gebietsabtretungen, Abrüstung und Reparationszahlungen. Der Versailler Vertrag wurde durch die meisten Deutschen abgelehnt.[8]

Am 11. August 1919 trat die Weimarer Verfassung in Kraft und bildete eine neue politische Ordnung für das Deutsche Reich.

In den Jahren 1922 und 1923 kam es zu einer massiven Inflation und einer Verarmung der Bevölkerung, die diesen Zustand vor allem der Weimarer Republik zuschrieb.

Die Amerikaner unterstützten mit dem Dawes-Plan und geliehenem Geld das Deutsche Reich und sorgten damit für den wirtschaftlichen Aufschwung und die sogenannten „Goldenen 20er".

Mit dem Schwarzem Dienstag am 29.10.1929 an der New Yorker Börse wurde die Weltwirtschaftskrise eingeleitet. Die wirtschaftliche Situation verschlechterte sich in Europa. Letztendlich entzogen die Amerikaner Deutschland das geliehene Geld wieder.

Ende 1930 waren in Deutschland 3 Millionen Menschen ohne Arbeit und 1932 sogar 6 Millionen Menschen.[9]

Diese Ausgangslage bereitete den Nährboden für den zunehmenden Einfluss der Nationalsozialisten.

3.2   Die Machtergreifung der Nationalsozialisten

Mit der Weimarer Republik bildet sich am 05. Januar 1919 unter Leitung des Schlossers Anton Dexler die Deutsche Arbeiterpartei (DAP) mit einem antisemitisch und sozialistisch geprägten Gedankengut. Im Spätsommer 1919 trat Adolf Hitler dieser Partei bei. Am 24. Februar 1920 wurde die DAP in die Nationalsozialistische Deutsche Arbeiterpartei (NSDAP) umbenannt und ein 25 Punkte-Programm vorgestellt. Adolf Hitler wurde am 29. Juli 1921 zum Parteivorsitzenden ernannt. Hitler schaffte es, die Partei auf seine Person zu „zentralisieren". Im August 1921 wurde die Sturmabteilung (SA) gegründet, die mit charakteristischen Uniformen und dem Hakenkreuz die optische Symbolik der Partei einführte.

Am 09. November 1923 startete Adolf Hitler mit dem „Marsch auf Berlin" einen Putschversuch, der allerdings bereits in München gewaltsam zerschlagen wurde. Adolf Hitler wurde am 26. Februar 1924 zu 5 Jahren Festungshaft verurteilt, aus der er bereits am 20.

---

[7] Vgl. http://de.wikipedia.org/wiki/Geschichte_Deutschlands#Weimarer_Republik_.281918.2F19.E2.80.931933.29 (18.05.2015)
[8] Vgl. Schreiber, Gerhard; Der Zweite Weltkrieg; 5. Auflage; München, 2013; S.7
[9] Vgl. http://www.volkerbehrens.de/daten/Zusammenfassung%20Weimarer%20Republik.pdf (18.05.2015)

Dezember 1924 wieder entlassen wurde. Die NSDAP wurde im Deutschen Reich verboten, was zu einer Auflösung der Partei führte.[10]

Nach seiner Haftentlassung gründete Adolf Hitler am 26. Februar 1925 die NSDAP neu (Das Verbot der Partei war inzwischen wieder aufgehoben worden.) und nannte sich „Führer". Der Hitlergruß als weitere symbolträchtige Geste wurde 1926 eingeführt. In seiner Rolle als Parteivorsitzender pflegte Hitler jetzt ein eher bürgerliches Auftreten, während seine berüchtigte SA Straßenschlachten provozierte und politische Gegner ermordete. Die NSDAP nahm nun auch wieder an Wahlen teil. 1929 saß Adolf Hitler mit 12 Abgeordneten im Reichstag, nach den Neuwahlen 1930 bereits mit 107 Mandaten.[11]

Nach der 1932 gegen Hindenburg verlorenen Wahl zum Reichspräsidenten gelang es Hitlers Partei bei der Reichstagswahl im Juli 1932 zur stärksten Fraktion im Reichstag aufzusteigen (230 Sitze im Reichstag) - eine angebotene Regierungsbeteiligung lehnte Hitler allerdings ab. Das Abtreten des Reichskanzlers Schleicher führte aber dazu, dass Hitler am 30. Januar 1933 zum Reichskanzler ernannt wurde. Anschließend wurden wesentliche Verordnungen und Gesetze eingeführt, die am Ende zu einer Diktatur der Nationalsozialisten in Deutschland führten. Beispielhaft ist hier das Ermächtigungsgesetz zu nennen. Die gesetzgebende Mitwirkung des Reichstages und des Reichsrates wurde dadurch beseitigt. Das Gesetz gegen die Neubildung von Parteien schaffte letztendlich das Mehrparteisystem ab und beseitigte damit die Grundlage demokratischer Ordnungen.[12]

Die weitere Wirtschaftspolitik des Dritten Reiches stellte die Aufrüstung und Selbstständigkeit bzw. Unabhängigkeit der Wirtschaft von äußeren Einflüssen in den Mittelpunkt der Bestrebungen. Unter der Führung von Adolf Hitler setzte sich Deutschland über die Forderungen der Reparationsleistungen aus dem Ersten Weltkrieg hinweg. Im Jahr 1935 wurde die allgemeine Wehrpflicht eingeführt, was zu einer Verdreifachung der deutschen Soldatenzahl führte. Deutschland bereitete sich zunehmend auf militärische Invasionen in den Nachbarländern vor. Hitler ging es um eine rassistische Neuordnung des Kontinents.[13]

Mit dem Überfall der deutschen Wehrmacht auf Polen am 1. September 1939 begann der Zweite Weltkrieg. Hitler beabsichtigte, neue Lebensräume zu erschließen sowie die Weltherrschaft zu erlangen.[14] Daraufhin erklärten Frankreich und England aufgrund ihrer Garantieerklärung zur Wahrung der Unabhängigkeit Polens Deutschland am 03.09.1939 den Krieg.[15] Bis Mitte 1941 wurden große Teile Westeuropas und Nordeuropas durch die deutsche Wehrmacht erobert. Am 22. Juni 1941 begann die deutsche Wehrmacht den Vernichtungskrieg gegen die Sowjetunion mit der Operation „Fall Barbarossa".[16] Im Winter 1942/43 kam es zur Schlacht um Stalingrad und dem Stopp des weiteren Vordringens der deutschen Wehrmacht in der Sowjetunion. Nach den Landungen auf Sizilien (Juli 1943), in der Normandie (Juni 1944) und in Südfrankreich (August 1944) drängten US-amerikanische, britische, kanadische und französische Truppen die deutsche Wehrmacht auch aus Westeuropa zurück. Bis Ende 1944 musste sich die deutsche Wehrmacht bis an die Reichsgrenzen zurückziehen.[17]

Mit dem Ende des Zweiten Weltkrieges am 8. Mai 1945 erklärte Deutschland gegenüber den Alliierten die bedingungslose Kapitulation. Gleichzeitig bedeutet dies auch das Ende des Nationalsozialismus als Herrschaftsform.

---

[10] Vgl. Möller, Lenelotte; Widerstand gegen den Nationalsozialismus - von 1923 bis 1945; 1. Auflage; Wiesbaden, 2013; S.20
[11] Vgl. http://www.volkerbehrens.de/daten/Zusammenfassung%20Weimarer%20Republik.pdf (18.05.2015)
[12] Vgl. Matthiesen, Wilhelm; Kompaktwissen Oberstufe: Geschichte; 4. Auflage; Mannheim, 2011; S.176
[13] Vgl. Schreiber, Gerhard; Der Zweite Weltkrieg; 5. Auflage; München, 2013, S.8
[14] Vgl. http://www.bpb.de/politik/hintergrund-aktuell/69009/beginn-zweiter-weltkrieg-30-08-2010 (16.05.2015)
[15] Vgl. Berg, Rudolf u.a.; Kursbuch Geschichte; 1. Auflage; Berlin, 2007; S.265
[16] Vgl. Schreiber, Gerhard; Der Zweite Weltkrieg; 5. Auflage; München, 2013
[17] Vgl. http://de.wikipedia.org/wiki/Zweiter_Weltkrieg (18.05.2015)

# 4.	Widerstand gegen den Nationalsozialismus

## 4.1	Definition des Widerstandes

In einigen Veröffentlichungen wird die Zahl der deutschen Widerstandskämpfer gegen den Nationalsozialismus auf ca. 7000 geschätzt.[18] Bei einer deutschen Gesamtbevölkerung von 68,9 Millionen Einwohner im Jahr 1935[19], erscheint diese Zahl als sehr gering. Dies macht deutlich, dass die Definition des Widerstandsbegriffes wichtig ist, um die Rolle des deutschen Volkes bei der Befreiung vom Nationalsozialismus zu verstehen.

Die einfachste Definition des Widerstandes gegen den Nationalsozialismus würde sicherlich durch die Nationalsozialisten und ihr einfaches Denkmuster im Kampf um ihr Dasein gegeben werden: „Wer nicht für uns ist, ist gegen uns". Mit den Wahlergebnissen vom März 1933 (56% wählten die NSDAP nicht) und vom November 1933 (8% wählten die NSDAP in einer alternativlosen Wahl nicht) könnte man hier Schlussfolgerungen zum Widerstandsbegriff schnell ziehen.[20]

Als Widerstand im allgemeinen Sinne kann man jede Handlung verstehen, die eine Ablehnung des Nationalsozialismus zum Ausdruck brachte:

Dies beginnt mit dem Erzählen von Hitler-Witzen, dem Verweigern des Hitlergrußes, dem demonstrativen Einkauf in jüdischen Geschäften, aber auch mit dem bewussten Anderssein.[21] Es bildeten sich z.B. Cliquen Jugendlicher in Ablehnung der Hitlerjugend. Bekannt wurde hier die Swing-Jugend, die durch bewusst zur Schau getragene britische Lebensart und Musikneigung provozierte, ohne einen politischen Hintergrund zu verfolgen.[22]

Die zweite Stufe - der passive Widerstand umfasst dabei bereits das Unterstützen von politisch Verfolgten oder Juden vor allem aus humanistischen Gründen.	Aber auch die beantragte Entlassung aus Ämtern, publizistische Aktivitäten, der öffentliche Protest oder politische Streik sowie die Befehls-, Eides- und Kriegsdienstverweigerung waren Formen des passiven Wiederstandes.[23]

Die letzte Stufe - der aktive Widerstand - hatte das eindeutige Ziel des gewaltsamen Umsturzes und ging von Sabotageakten bis hin zu Attentatsversuchen und der Bekämpfung des Regimes mit allen Mitteln.

Bei meinen weiteren Betrachtungen verstehe ich unter dem Widerstand gegen den Nationalsozialismus den oben beschrieben passiven und aktiven Widerstand, da dieser mit dem eindeutigen Risiko der Bestrafung oder Verfolgung verbunden war.

## 4.2	Widerstandsgruppen und ihre Einflussnahme

Im folgenden betrachte ich beispielhaft verschiedene Gruppierungen im Widerstand gegen den Nationalsozialismus und stelle dar, welche Wirkung diese Widerstandsgruppen erzielen konnten.

[18]	Vgl. Benz, Wolfgang; Pehle, Walter u.a.; Lexikon des deutschen Widerstands; 1. Auflage; Frankfurt a.M., 1994; S.10
[19]	Vgl. Statistisches Bundesamt: Statistisches Jahrbuch 2011, Lange Reihen: Bevölkerung nach dem Gebietsstand, Berlin, 2011
[20]	Vgl. Herder, Raimund; Wege in den Widerstand gegen Hitler; 1. Auflage; Freiburg, 2009; S.25
[21]	Vgl. Liepach, Martin; Nationalsozialismus und Zweiter Weltkrieg; 2. Auflage; Freising, 2009; S.52
[22]	Vgl. Benz, Wolfgang; Der deutsche Widerstand gegen Hitler; 1. Auflage; München, 2014; S.48
[23]	Vgl. Van Roon, Ger; Widerstand im Dritten Reich; 7. Auflage; München, 1998; S.24

4.2.1 Die eingeschränkte Wirkung des nationalen Widerstands

Der Widerstand in Deutschland wurde vor allem durch kleine Gruppen, die isoliert voneinander tätig waren, ausgeführt. Dies war vor allem dadurch bedingt, dass man innerhalb Deutschlands immer damit rechnen musste, dass jede Person ein Spitzel sein konnte. Dies unterschied den deutschen Widerstand wesentlich vom Widerstand in den besetzten Gebieten, wo dieser durch weite Teile der Bevölkerung unterstützt wurde. Dies war eine wesentliche Ursache für die eingeschränkten Einflussmöglichkeiten des nationalen Widerstandes.[24]

4.2.1.1 Das Scheitern der linksgerichteten Arbeiterbewegung im Widerstandskampf

Kommunistische Partei Deutschlands (KPD)

Die KPD war die einzige große Organisation, die sich auf eine Fortführung ihres Kampfes gegen die NSDAP nach Machtübernahme Hitlers vorbereitet hatte. Allerdings wurde die KPD von der extremen Verfolgung durch die Nationalsozialisten überrascht. Bereits unmittelbar nach der Machtübernahme durch Hitler erfolgte die Inhaftierung führender Mitglieder der KPD u.a. auch ihres Vorsitzenden Ernst Thälmann. Man geht davon aus, dass bereits in den ersten Märzwochen ca. 11000 Mitglieder der KPD verhaftet worden sind. Der Reichstagsbrand in der Nacht vom 27. auf den 28. Februar 1933 wurde als Rechtfertigung für die Verhaftungen genutzt.[25] Bis 1938 wurden etwa 40000 Mitglieder der KPD verhaftet, so dass deren Widerstandsaktivitäten sehr stark eingeschränkt waren.[26]

Die KPD gründete nach ihrem Verbot in Deutschland Parteizentralen im Ausland.

Im Rahmen des im August 1935 in Moskau stattfindenden VII. Kommunistischen Weltkongress beschlossen die Parteiführer eine Änderung des Konzeptes im Kampf gegen den Nationalsozialismus, da die bisher erzielte Wirkung in keinem Verhältnis zur Zahl der Opfer stand. Man verabschiedete sich von der zentralen Lenkung der Partei und etablierte kleinere Einheiten, sogenannte „Zellen" mit Eigenverantwortung. Diese Zellen konzentrierten sich jetzt auf die Unterstützung von KZ-Häftlingen und deren Verwandten.

Viele Kommunisten gingen 1936 nach Spanien, um die dortigen Republikaner im Bürgerkrieg zu unterstützen.

Der 1939 zwischen Stalin und Hitler geschlossene Nichtangriffspakt lähmte die deutschen Kommunisten weiter, da sie doch auf eine Unterstützung durch die Sowjetunion gebaut hatten.[27]

Im Zeitraum 1939 bis 1941 verzeichnete man kaum noch einen Widerstand in den Kreisen der KPD und SPD.[28]

Sozialdemokratische Partei Deutschlands (SPD)

Die SPD war nicht auf den Kampf gegen die Nationalsozialisten in der Illegalität vorbereitet. Dies lag vor allem daran, dass die SPD weiterhin daran glaubte, den politischen Kampf gegen die Nationalsozialisten legal und mit demokratischen Mitteln führen zu können. Deshalb waren die Unter- und Nebenorganisationen anfänglich nur auf sich selbst gestellt.[29] Obwohl die SPD mit dem Veteranenverband Reichsbanner Schwarz-Rot-Gold und seinen mehr als 3 Millionen Mitgliedern über eine nahestehende wehrhafte Organisation verfügte, schloss sie

[24] Vgl. Van Roon, Ger; Widerstand im Dritten Reich; 7. Auflage; München, 1998; S.16
[25] Vgl. http://de.wikipedia.org/wiki/Reichstagsbrand (18.05.2015)
[26] Vgl. Liepach, Martin; Nationalsozialismus und Zweiter Weltkrieg; 2. Auflage; Freising, 2009; S.53
[27] Vgl. Möller, Lenelotte; Widerstand gegen den Nationalsozialismus - von 1923 bis 1945; 1. Auflage; Wiesbaden, 2013; S.102
[28] Vgl. Überschär, Gerd R.; Für ein anderes Deutschland; 1. Auflage, Frankfurt, 2006; S.81
[29] Vgl. Benz, Wolfgang; Pehle, Walter u.a.; Lexikon des deutschen Widerstands; 1. Auflage; Frankfurt a.M., 1994; S.47

sehr lange Gewaltaktionen gegen die Nationalsozialisten aus. [30] Vor allem die im Zusammenhang mit der hohen Arbeitslosigkeit stehenden Parteiaustritte schwächten die Kraft der SPD.

Die SPD baute 1933 in Prag eine Auslandszentrale auf. Durch diese wollte sie mit über Vertrauensleuten erlangten Informationen die Weltöffentlichkeit über den Nationalsozialismus aufklären.

Sozialistische Splittergruppen

Diese kleinen politischen Gruppen konnten teilweise flexibler agieren als die großen Parteien KPD und SPD. Einige Splittergruppen wie die Sozialistische Arbeiterpartei Deutschlands (SADP) und der Internationale Sozialistische Kampfbund (ISK) lösten sich als Parteien auf, um der polizeilichen Verfolgung besser entgehen zu können. Diese Gruppen sahen sich eher als Eliten an und bildeten deutlich geheimere Organisationsformen als die großen linken Arbeiterparteien.

Generell muss zur Arbeiterbewegung allerdings sagen, dass die seit der Weimarer Republik bestehende Zerstrittenheit und die scharfen Abgrenzungen untereinander ein gemeinsames Vorgehen nahezu ausschlossen. Der Arbeiterwiderstand war letztendlich von der Massenbasis isoliert.

4.2.1.2 Der eingeschränkte Wirkungsbereich unabhängiger Widerstandsgruppen

Die parteienübergreifenden Widerstandsgruppen unterschieden sich in ihren Zielstellungen und der Wahl ihrer Widerstandsmittel. Diese Gruppen agierten isoliert voneinander und fanden durch das geheimdienstliche Überwachungssystem des nationalsozialistischen Staates kaum Möglichkeiten, sich untereinander auszutauschen. Beispielhaft werden im folgenden die bekanntesten Gruppen kurz beschrieben.

Weiße Rose

Diese studentische Widerstandsbewegung an der Universität München protestierte mit humanistisch geprägten Parolen und Flugblättern gegen die nationalsozialistische Regierung, die Fortsetzung des Krieges und die Ermordung der Juden. Die Medizinstudenten Hans Scholl und Alexander Schmorell bildeten den Kern der Gruppe. Neben diesen Studenten gehörten noch Christoph Probst, Sophie Scholl und Willi Graf sowie Professor Kurt Huber zur Gruppe. Die Gruppe plante den Aufbau eines Widerstandnetzes in mehreren Hochschulen und baute Kontakte zu anderen Widerstandsgruppen wie der Roten Kapelle auf. [31]

Beim Verteilen von Flugblättern wurden die Studenten verhaftet und 1943 hingerichtet.

In den Verhören durch die Gestapo bestätigten die Anhänger der Gruppe ihre kirchliche Prägung als Motivation für ihr Handeln. [32]

Rote Kapelle

Die Rote Kapelle war die wohl mächtigste Widerstandsbewegung, die nicht aus einer Partei hervorging. Sie bestand aus einem Zusammenschluss von Personen aus den verschiedensten

---

[30] Vgl. Herder, Raimund; Wege in den Widerstand gegen Hitler; 1. Auflage; Freiburg, 2009; S.36
[31] Vgl. Liepach, Martin; Nationalsozialismus und Zweiter Weltkrieg; 2. Auflage; Freising, 2009; S.55
[32] Vgl. Bald, Detlef; Die Weiße Rose; 2. Auflage; Berlin, 2003; S.37

sozialen Schichten. Die Organisation half Verfolgten zur Flucht, verteilte Flugblätter, spionierte für den sowjetischen Geheimdienst und sabotierte in kriegswichtigen Fabriken.[33]

Der Name wurde der Organisation von der Gestapo gegeben, die die „Rote Kapelle" als die gefährlichste aller linken Organisationen einstufte.[34] Die führende Persönlichkeit der Gruppe war der Oberleutnant der Nachrichtenabteilung des Luftwaffenministeriums Harro Schulze-Boysen.

Die Gruppe sah nur in einer Niederlage des Dritten Reiches die Voraussetzung für einen Neuanfang in Deutschland.

Die Gruppe wurde 1942 verraten und durch die Nationalsozialisten zerschlagen. 130 Mitglieder wurden verhaftet und 62 von ihnen zum Tode verurteilt.

Zynischerweise wurde der zuständige NS-Richter Manfred Roeder im Nachkriegsprozess 1951 freigesprochen, weil er seine Verteidigungsstrategie darauf aufbaute, dass es sich um Spione gehandelt habe. Diese Betrachtungsweise hat noch Jahre danach das Bild vom Wirken der Roten Kapelle in Westdeutschland geprägt.

Kreisauer Kreis

Die aus etwa 40 Personen bestehende Organisation unter Leitung des Grafen von Moltke (nach dessen Gut in Niederschlesien sich die Organisation benannt hatte) fokussierte sich vor allem auf Überlegungen zur politischen Struktur Deutschlands nach der absehbaren Niederlage des Dritten Reiches. Die Aktivitäten dieser Gruppe waren vor allem ethisch motiviert. Es ging vor allem um die Grundsätze für die Neuordnung wie z.B. das Wahlrecht. Ihre Überlegungen dokumentierte die Gruppe in einigen Schriften. Das Ziel der Gruppe war die Wiederherstellung des humanitären Rechtsstaates. Die Vorbereitung eines gewaltsamen Umsturzes oder Attentatsversuche sah die Gruppe nichts als ihre Aufgabe. Die Mitglieder kamen aus unterschiedlichen Kreisen, hatten aber fast ausschließlich akademische Ausbildungen.

Im Januar 1944 wurde Graf Moltke verhaftet. Damit war die Kreisauer Gruppe seiner Leitfigur beraubt. Viele Mitglieder schlossen sich dann der Gruppe um Carl Goerdeler, dem ehemaligen Leipziger Oberbürgermeister, an. Im Rahmen der Verhöre zum Attentat durch Stauffenberg entdeckte im August 1944 die Gestapo die ehemaligen Mitglieder des Kreisauer Kreises.[35]

Die meisten Anhänger wurden noch 1945 hingerichtet.

4.2.1.3 Der wirkungslose Widerstand der Kirchen

Die evangelische und katholische Kirche verhielt sich nach der Machtergreifung durch die Nationalsozialisten eher bedeckt, um vor allem ihre Selbstbestimmung zu bewahren. Die Amtskirchen leisteten keine grundsätzlichen Widerstand. Vielmehr versuchten die Nationalsozialisten mit der „Glaubensbewegung Deutsche Christen" die evangelische Kirche gleichzuschalten.[36] Auf der Berliner Synode setzte die Glaubensbewegung den Ausschluss nichtarischer Pfarrer durch. Pfarrer Martin Niemöller rief die evangelischen Pfarrer auf, sich gegen die „Glaubensbewegung Deutsche Christen" zu verbünden. Erst mit den immer bekannter werdenden Gräueltaten der Nationalsozialisten bildeten sich Gruppierungen, die sich deutlich gegen nationalsozialistischen Auswüchse positionierten. Man engagierte sich

[33] Vgl. Fromm, Hermann; Basiswissen Schule - Geschichte; 1. Auflage; Mannheim, 2011; S.393
[34] Vgl. Herder, Raimund; Wege in den Widerstand gegen Hitler; 1. Auflage; Freiburg, 2009; S.38
[35] Vgl. Benz, Wolfgang; Der deutsche Widerstand gegen Hitler; 1. Auflage; München, 2014; S.76
[36] Vgl. Liepach, Martin; Nationalsozialismus und Zweiter Weltkrieg; 2. Auflage; Freising, 2009; S.59

dabei unter Leitung von Martin Niemöller und Dietrich Bonhoeffer in der „bekennenden Kirche". Martin Niemöller wurde 1937 durch die Nationalsozialisten inhaftiert und blieb bis zum Kriegsende im Konzentrationslager.

Die katholische Kirche protestierte erst dann, wenn der nationalsozialistische Staat die Rechte der Kirche beschneiden wollte, die man im Konkordat 1933 zugesichert bekommen hatte. Dieser Vertrag zwischen Vatikan und Nazi-Regime sicherte der katholischen Kirche Bestand der Tätigkeiten und Einrichtungen der katholischen Organisationen zu. Der Vatikan verbot im Ausgleich seinen Ordensleuten jedes parteipolitisches Engagement. Selbst 1943 untersagte Kardinal Faulhaber Geistlichen seiner Gemeinde die Teilnahme an illegalen politischen Besprechungen.[37]

Selbst die im September 1935 erlassenen Nürnberger Gesetze zur Diskriminierung der Juden wurden durch die Kirchen öffentlich nicht angeprangert.

Auf der katholischen Seite stellte vor allem der Bischof von Münster, Graf von Galen, eine Ausnahme dar. Im Sommer 1941 predigte er öffentlich sehr deutlich gegen das Euthanasieprogramm der Nationalsozialisten.

Im Dezember kam es zu einem gemeinsamen Vorgehen der katholischen und evangelischen Kirche mit Protestbriefen an Adolf Hitler bezüglich der Einengung der Kirchen und Missachtung persönlicher Freiheiten.[38]

Wenn überhaupt, so versuchten die Kirchen das Leiden der von den Gräueltaten der Nationalsozialisten betroffenen Menschen zu lindern. Ein aktiver Widerstand hinsichtlich Sturz des nationalsozialistischen Regimes war nicht zu verzeichnen. Dies war sicherlich auch durch die jeweiligen Glaubensprinzipien bedingt.

4.2.1.4 Die Grenzen des militärischen Widerstandes

Der militärische Widerstand war vor allem durch den Fahneneid der Wehrmachtsoffiziere eingeschränkt. Der soldatische Ehrbegriff und der unbedingte Gehorsam führten dazu, dass viele Wehrmachtsangehörige keine Widerstandsabsichten zeigten. Überlegungen zur Ausschaltung von Adolf Hitler oder zum Sturz des NS-Regimes wurden aufgrund der anfänglichen militärischen Erfolge und der hohen Bedeutung des Fahneneides im Kriegszustand immer wieder verschoben.[39]

Die Bestrebungen einiger hochrangiger Wehrmachts- und SS-Offiziere, für Deutschland eine neue Strategie zu finden, kumulierte im Attentat auf Adolf Hitler am 20. Juli 1944. Dieses Attentat mit dem Codenamen „Operation Walküre" und unter der Leitung von Claus Schenk Graf von Stauffenberg hatte die Beseitigung Adolf Hitlers zum Ziel, um anschließend Friedensverhandlungen mit Großbritannien und den USA zu führen. Eine Nachfolgeregierung wurde durch die Gruppe der Attentäter auch bereits festgelegt.[40] Auf der amerikanischen und britischen Seite versprach man sich von möglichen Friedensverhandlungen mit Deutschland die Einrichtung eines deutschen Bollwerkes gegen den Einfluss der kommunistischen Sowjetunion.

Claus Schenk Graf von Stauffenberg und sein Ordonanzoffizier von Haeften setzten den Zeitzünder der Bombe während einer Gesprächspause in Hitlers Hauptquartier „Wolfsschanze" in Gang. Allerdings konnte nur die Hälfte des mitgeführten Sprengstoffes aktiviert werden. Das Attentat scheiterte mit dem Überleben von Adolf Hitler und die gesamte

---

[37] Vgl. Van Roon, Ger; Widerstand im Dritten Reich; 7. Auflage; München, 1998; S.15
[38] Vgl. Liepach, Martin; Nationalsozialismus und Zweiter Weltkrieg; 2. Auflage; Freising, 2009; S.61
[39] Vgl. Möller, Lenelotte; Widerstand gegen den Nationalsozialismus - von 1923 bis 1945; 1. Auflage; Wiesbaden, 2013; S.233
[40] Vgl. http://de.wikipedia.org/wiki/Claus_Schenk_Graf_von_Stauffenberg (16.05.2015)

„Operation Walküre" wurde mit der Hinrichtung zahlreicher Beteiligter niedergeschlagen. Im Rahmen der folgenden Bestrafungsaktionen wurden rund 5000 Personen verhaftet.[41]

Für viele Außenstehende kam dieser Widerstand eindeutig zu spät, da die militärische Niederlage der deutschen Wehrmacht mit dem Ausgang der Schlacht um Stalingrad bereits absehbar gewesen ist.

4.2.1.5 Humanitärer Widerstand - Rettungswiderstand zur Linderung des Leidens

Die gesamte Grausamkeit des Nationalsozialismus wurde vor allem in der Umsetzung seiner antisemitischen Grundeinstellung deutlich.

Der Antisemitismus ist die Ausgrenzung der Juden aufgrund von angeblich vererbten und nicht veränderbaren negativen Charaktereigenschaften und bezieht konvertierte Juden mit ein. Dieses Denkmuster existiert in Europa seit dem Mittelalter.[42] Das „Wie und Warum" des Antisemitismus hat verschiedene Facetten und reicht von verbaler Verunglimpfung bis zur systematischen Ausrottung. Der Antisemitismus erreichte seinen bisherigen negativen Höhepunkt im Dritten Reich.

Durch den Erlass der Nürnberger Gesetze 1935 wurde der Höhepunkt der antisemitischen Welle erreicht. Diese Gesetze nahmen den Juden ihre bürgerlichen Rechte und untersagten ihnen Eheschließungen mit Menschen arischer Abstammung. Durch diese Gesetze schaffte sich das NS-Regime eine gesetzliche Grundlage zum Kampf gegen die Juden.

Mit der Reichskristallnacht am 9.November 1938 wandelte sich die bisher indirekte Judenverfolgung zur offenen und rücksichtslosen Arisierung der jüdischen Besitztümer. Aufgrund dieses Ereignisses kam es zu einer regelrechten Flüchtlingswelle in angrenzende Nachbarstaaten. Jedoch fehlten vielen Juden die finanziellen Mittel sowie ein Visum zur Flucht. Direkt auf die Reichskristallnacht folgte am 12. November 1938 eine „Verordnung zur Ausschaltung der Juden aus dem deutschen Wirtschaftsleben", welche den Juden das Betreiben von Einzelhandelsverkaufsstellen, Handwerken sowie das Führen von eigenen Betrieben untersagte.

Mit dem Angriff auf die Sowjetunion im Juni 1941 verschärfte sich die Judenverfolgung durch das Planen der „Endlösung der Judenfrage". So kam es im Oktober des Jahres 1941 zu den ersten Deportationen von Juden. Das ursprünglich für sowjetische Kriegsgefangene geschaffene Konzentrationslager Auschwitz II (Birkenau) wurde dabei zum zentralen Ort der Judenvernichtung. Bis zur Befreiung am 27.01.1945 wurden fast eine Million Menschen in den Gaskammern von Auschwitz umgebracht. Arbeitslager mit Produktionsstätten u.a. der IG Farben waren ebenfalls Bestandteil des Lagers und unterstreichen wieder die enge Verknüpfung der Wirtschaft mit dem Nazi-Regime bei der Arisierung.[43]

Jenen, die durch die Arisierung profitierten, war es gleichgültig, was mit den Juden passierte. Sie gingen davon aus, dass eine Rückkehr der Juden und somit eine Bestrafung der unrechtmäßigen Enteignung nicht erfolgen wird. In großen Teilen der deutschen Bevölkerung kam es zu einer Verdrängung der diesbezüglichen Beobachtungen und Erfahrungen - man akzeptierte die grausame Ausrottung der Juden.[44]

Die Juden selbst gründeten im September 1933 eine Reichsvertretung der deutschen Juden, um für die jüdischen Gemeinden und Verbände eine gemeinsame Organisation zu schaffen. Unter Leitung von Leo Baeck wurde z.B. ein Protestwort gegen die Nürnberger Gesetze verfasst.

---

[41] Vgl. Liepach, Martin; Nationalsozialismus und Zweiter Weltkrieg; 2. Auflage; Freising, 2009; S.58
[42] Vgl. Matthiesen, Wilhelm; Kompaktwissen Oberstufe: Geschichte; 4. Auflage; Mannheim, 2011; S.171
[43] Vgl. Weber, Herbert; Die Befreiung des KZ Auschwitz in: Focus; 05/2015; S.10
[44] Vgl. Fromm, Hermann; Basiswissen Schule - Geschichte; 1. Auflage; Mannheim, 2011; S.393

1000 bis 1500 deutsche Juden engagierten sich in den Organisationen des linken Widerstandes. Des weiteren gab es Gruppen innerhalb der jüdischen Jugendbünde, die z.B. Aufklärungsmaterial herstellten. Sie agierten teilweise überregional. Die bekannteste Gruppe war hier die Herbert-Baum-Gruppe, die im Mai 1942 einen Brandanschlag auf die antikommunistische Ausstellung „Das Sowjetparadies" unternahmen.[45]

Besonders der unbewaffnete Widerstand der Juden beim Hineinschmuggeln von Lebensmitteln in die Ghettos oder die Aufrechterhaltung kultureller Aktivitäten wie dem Unterricht für Kinder im Ghetto Theresienstadt ist hervorzuheben.

Unter dem Begriff Rettungswiderstand versteht man hingegen die unter Strafe gestellte Hilfe für Juden und Zwangsarbeiter. Dies war z.B. das Gewähren von Unterschlupf oder Fluchthilfe, Vermittlung von Arbeit, Versorgung mit Lebensmitteln oder die Verschaffung einer neuen Identität.

So spezialisierten sich Gruppen wie die 07-Gruppe in Bayern auf Verfolgtenhilfe. Diese Gruppen brachten die Verfolgten oft über die Grenze in Sicherheit.[46]

Andere Personen konnte durch ihre besondere Stellung verfolgte Personen als unabkömmlich einstufen lassen. Eines der bekanntesten Beispiele hierfür ist das Agieren des Unternehmers Otto Schindler, der dadurch ca. 1200 in seinem Betrieb beschäftigten Zwangsarbeitern - vor allem Juden - das Leben durch den Schutz vor Deportation rettete.

Der Staat Israel verleiht seit 1948 den Titel „Gerechte unter den Völkern" an Nichtjuden, die während des NS-Regimes Juden das Leben retteten, ohne eine Gegenleistung zu verlangen.[47]

Dieser Widerstand ist umso bemerkenswerter, weil er häufig im Verborgenen geblieben ist und es nach Ende der Nazi-Herrschaft oft Jahre dauerte, diesen Heldenmut zu erkennen. Aber auch dieser Widerstand war eher darauf ausgerichtet, die Folgen der Brutalität des Nazi-Regimes zu mildern als das Regime zu stürzen.

4.2.1.6 Machtlose Einzeltäter

Nach heutigem Kenntnisstand gab es insgesamt 42 Versuche, Hitler zu töten.[48] Der bekannteste Einzeltäter war der Tischler Johann Georg Elser. Als Kommunist und zeitgleich Christ fasste er seinen Entschluss, Hitler zu töten, als im klar wurde, dass ein Krieg bevorstand. Als Einzeltäter beschaffte er sich durch Arbeit in einem Steinbruch Sprengstoff und lies sich zur Installation der Bombe mehrere Nächte im Herbst 1939 im Münchener Bürgerbräukeller einschließen. Dort hielt Adolf Hitler jedes Jahr am Abend des 08. November eine Rede zur Erinnerung an seinen Putschversuch vom 09. November 1923. Aufgrund von schlechtem Wetter verlies Hitler allerdings die Tagung eher als geplant und die Bombe explodierte, als er nicht mehr im Saal war. Die Bombe tötete 8 Menschen. 10 Minuten haben hier u.U. gefehlt, um den weiteren Verlauf der deutschen Geschichte entscheidend zu beeinflussen.

Elsner wurde unmittelbar nach der Tat gefasst, aber erst am 09. April 1945 im KZ Dachau umgebracht.

Wie in diesem konkreten Fall, fehlte den Einzeltätern die Massenbasis, um größere Wirkungskreise zu erreichen.

---

[45] Vgl. Liepach, Martin; Nationalsozialismus und Zweiter Weltkrieg; 2. Auflage; Freising, 2009; S.80
[46] Vgl. Van Roon, Ger; Widerstand im Dritten Reich; 7. Auflage; München, 1998; S.32
[47] Vgl. Möller, Lenelotte; Widerstand gegen den Nationalsozialismus - von 1923 bis 1945; 1. Auflage; Wiesbaden, 2013; S.183
[48] Vgl. Herder, Raimund; Wege in den Widerstand gegen Hitler; 1. Auflage; Freiburg, 2009; S.30

4.2.1.7 Widerstand im Exil

Neben den Auslandszentralen der großen Oppositionsparteien gab es weitere Personengruppen, die vom Ausland versuchten, über die Nationalsozialisten aufzuklären und ihnen zu schaden. Zwar bot das Exil Schutz vor dem direkten Zugriff durch die Gestapo, allerdings gab es auch Fälle gezielter Mordanschläge auf Oppositionelle im Exil.

Auf die Bildung eine gemeinsamen Regierung für Deutschland aus dem Exil konnten sich die deutschen Politiker außerhalb Deutschlands nicht einigen - wieder waren die Gräben aus der Weimarer Republik zu tief.

Das Nationalkomitee „Freies Deutschland" (NKFD)

Diese Organisation vereinte deutsche Angehörige der Wehrmacht und Kommunisten. Das Komitee wurde im Juli 1943 gegründet und ihm gehörten Personen wie Erich Weinert, Johannes R. Becher, Wilhelm Pieck und Walter Ulbricht an. Das Komitee brachte eine Zeitschrift „Freies Deutschland" heraus und betrieb einen deutschsprachigen Radiosender. Dieser war vor allem darauf ausgerichtet, deutsche Soldaten zum Überlaufen zu bewegen. Im Juli 1944 traten z.b. 17 gefangene Generäle dem NKFD bei. [49] Ausgehend von der Unrechtmäßigkeit und Aussichtslosigkeit des Krieges wurde zum Sturz des NS-Regimes aufgerufen.

Das NKFD versuchte auch in den Gefangenlagern Wehrmachtsangehörige zur Mitarbeit zu gewinnen. Diese Versuche wurden nach dem Krieg in Westdeutschland lange Zeit als Hoch- oder Landesverrat betrachtet. [50]

Schriftsteller

Bekannte Schriftsteller flüchteten ebenfalls in das Exil und nutzten die Möglichkeit, von dort den Widerstand gegen das NS-Regime voranzutreiben. Thomas Mann nutzte u.a. seine Einkünfte, um andere Emigranten zu unterstützen. Nach Ausbruch des Zweiten Weltkrieges brachte er über den BBC eine monatliche Radiosendung mit dem Titel „Deutsche Hörer" heraus, die neben der Betrachtung moralischer Fragen und alltagspolitischer Gesichtspunkte zum Widerstand gegen Hitler aufrief.

Anna Seghers flüchtete nach kurzzeitiger Inhaftierung 1933 in die Schweiz und von dort nach Frankreich. Nach der Besetzung Frankreichs flüchtete sie mit ihrer Familie nach Mexiko. Dort gründete sie die Bewegung „Freies Deutschland".

Der Jude Stefan Heym floh über die Tschechoslowakei in die USA und wurde dort 1937 Chefredakteur der kommunistisch orientierten Zeitung „Deutsches Volksecho". Er trat einer Einheit der US-Armee bei und nahm an der Invasion der Alliierten in der Normandie teil. Dort hatte er die Aufgabe, sich mittels Flugblättern und Radioansprachen an die deutschen Wehrmachtsangehörigen zu wenden. [51]

Aber auch dieser von außen geführte Widerstand erreichte nicht die breite Masse der deutschen Bevölkerung und trug nicht zum Sturz des nationalsozialistischen Regimes bei.

---

[49] Vgl. Möller, Lenelotte; Widerstand gegen den Nationalsozialismus - von 1923 bis 1945; 1. Auflage; Wiesbaden, 2013; S.204
[50] Vgl. Benz, Wolfgang; Der deutsche Widerstand gegen Hitler; 1. Auflage; München, 2014; S.102
[51] Vgl. Möller, Lenelotte; Widerstand gegen den Nationalsozialismus - von 1923 bis 1945; 1. Auflage; Wiesbaden, 2013; S.208

4.2.2 Internationaler Widerstand

Der Widerstand in den besetzten Gebieten war natürlich stark durch den Kampf gegen die Besatzer und deren Grausamkeiten und das Streben nach Unabhängigkeit motiviert. Diese Motivation und die breite Unterstützung aus der Bevölkerung führten zu deutlich wirksameren Einflüssen auf die Nationalsozialisten als der nationale Widerstand.

In der Sowjetunion bildete sich eine Partisanenbewegung, die hinter der deutschen Frontlinie durch Anschläge auf die deutsche Infrastruktur für eine massive Beeinflussung der Versorgungsmöglichkeit der Wehrmachtstruppen führte.

Aus Angehörigen der polnischen Streitkräfte, die nicht in deutsche Gefangenschaft gerieten, bildete sich die Organisation „Dienst am Sieg Polens". Anfänglich musste diese sowohl gegen die deutsche Gestapo als auch den sowjetischen Geheimdienst agieren. Die Organisation „Dienst am Sieg Polens" wurde in eine militärische Organisation „Verband für den bewaffneten Kampf" umstrukturiert. Bis Ende 1944 umfasste diese Organisation und deren Nachfolgeorganisationen fast 400000 Mitglieder. Das Ziel war, dass diese Organisation in Zusammenarbeit mit der alliierten Luftwaffe bei absehbaren Ende des Weltkrieges Polen befreit. Diese Heimatarmee führte Sabotageakte aus und etablierte eine eigene Untergrundgerichtsbarkeit gegen Verräter aber auch Feinde aus Deutschland.[52]

In Polen erfolgte auch im April/Mai 1943 der Aufstand der Warschauer Juden im dortigen Getto. Nach der Verschleppung von 300000 Juden in Vernichtungslager, leisteten die verbliebenen 60000 Juden bewaffneten Widerstand gegen die finale Räumung des Ghettos. Dieser Aufstand wurde letztendlich durch die Besatzer niedergeschlagen, fast alle Juden wurden getötet und das Ghetto komplett vernichtet.[53]

In Prag wurde im Mai 1942 eine Attentat auf Reinhard Heydrich durchgeführt. Reinhard Heydrich war Leiter des Reichssicherheitshauptamtes und war mit der Endlösung der Judenfrage beauftragt. Heydrich erlag seinen Verletzungen, worauf die Nationalsozialisten mit grausamen Racheakten wie der Zerstörung von Lidice und Ležáky reagierten[54].

In Frankreich kämpfte der französische Widerstand - die Résistance - gegen die deutschen Besatzer. Diese Bewegung führt zurück auf durch den nach England geflüchteten General Charles de Gaulle gemachte Radioaufrufe zum Kampf gegen die Besatzer. Im Jahr 1942 schaffte es de Gaulle die meisten Widerstandsgruppen unter dem Dach der „Mouvements unis de Résistance" zu vereinen. Im weiteren Verlauf entwickelten sich Partisanengruppen, die massiv durch Sabotageakte und Attentate bis hin zu lokalen Feldschlachten gegen die Besatzer vorgingen. Nach der Landung der Alliierten behinderte die Résistance den Zug- und Schiffsverkehr der Deutschen und deren Nachschubmöglichkeiten.[55]

Im damaligen Jugoslawien kämpften die kommunistischen Partisanen unter Leitung von Marshall Tito gegen die Nationalsozialisten.

Die deutschen Besatzer reagierten auf die Aktionen der Widerstandsbewegungen mit massiven Gräueltaten gegen die Zivilbevölkerung. So wurden z.B. in einer Vergeltungsaktion im französischen Oradour-sur-Glane 200 Männer erschossen und 450 Frauen und Kinder in der Ortskirche eingeschlossen und verbrannt.[56]

---

[52] Vgl. Möller, Lenelotte; Widerstand gegen den Nationalsozialismus - von 1923 bis 1945; 1. Auflage; Wiesbaden, 2013; S.212
[53] Vgl. Liepach, Martin; Nationalsozialismus und Zweiter Weltkrieg; 2. Auflage, Freising, 2009; S.81
[54] Vgl. http://de.wikipedia.org/wiki/Reinhard_Heydrich (18.05.2015)
[55] Vgl. Möller, Lenelotte; Widerstand gegen den Nationalsozialismus - von 1923 bis 1945; 1. Auflage; Wiesbaden, 2013; S.230
[56] Vgl. Fromm, Hermann; Basiswissen Schule - Geschichte; 1. Auflage; Mannheim, 2011; S.395

Im Vergleich zum nationalen Widerstand der Deutschen hat der internationale Widerstand in den besetzten Gebieten teilweise wesentlich zu einer beschleunigten Befreiung dieser Gebiete beigetragen.

5. Schlussfolgerungen

Letztendlich muss man feststellen, dass der deutsche Widerstand gegen den Nationalsozialismus kaum Unterstützung in großen Teilen der deutschen Bevölkerung und damit keinen Einfluss auf das Ende der Diktatur im Dritten Reich hatte. Dies hatte zahlreiche Gründe:[57]

Die verschiedenen Oppositionsparteien waren nicht in der Lage, ihre Kräfte im Kampf gegen den Nationalsozialismus zu bündeln. Gerade die mächtigen Parteien der linken Arbeiterbewegung - SPD und KPD - waren zu sehr mit der gegenseitigen Abgrenzung beschäftigt, um den gemeinsamen Gegner zu erkennen. Die KPD bezeichnete dabei die SPD häufig als Sozialfaschisten.[58]

Auch andere Widerstandsgruppen scheiterten daran, dass man sich nicht auf ein gemeinsames Vorgehen gegen die Nationalsozialisten einigen konnte. Damit blieben viele Aktionen nur Maßnahmen isolierter Gruppen.

Des weiteren war der Widerstand gegen den Nationalsozialismus häufig durch den Versuch eines legalen Widerstandes geprägt. Man wollte eine antidemokratische Diktatur durch demokratische Mittel stürzen. Vor allem die SPD verfolgte lange diese Vorgehensweise.

Die deutsche Bevölkerung war durch die erste deutsche Demokratie (Weimarer Republik) überfordert und lies sich viel zu leicht durch die Lügen und Hetzen der nationalsozialistischen Rattenfänger und die Einfachheit ihrer autoritären nationalsozialistischen Herrschaft beeinflussen.

Mit dem Nationalsozialismus und dessen Herrschaftsgedanken sahen die Deutschen wieder eine Bedeutung Deutschlands in der Weltpolitik und eine Abkehr von der Schuld des Ersten Weltkrieges und der Versailler Verträge.

Allerdings muss man der deutschen Bevölkerung auch zugestehen, dass der totalitäre Überwachungsstaat der Nationalsozialisten mit der Gestapo und der SA durch die brutale Verfolgung der Andersdenkenden einem gemeinsamen Widerstand kaum eine Chance gegeben hatte. Mit der simplen Philosophie „Wer nicht für uns ist, ist gegen uns." schuf der Nationalsozialismus ein Feindbild, welches keinen Raum für andere Meinungen lies.

„ ... Deutschland ist 1945 von außen von der braunen Diktatur befreit worden, aus eigener Kraft haben die Deutschen dies nicht geschafft."[59]

Aus heutiger Sicht ist die Haltung der deutschen Bevölkerung im Widerstand gegen die Nationalsozialisten schwer nachzuvollziehen. Den Deutschen können die nationalsozialistischen Verbrechen nicht verborgen geblieben sein - die willkürlichen Verhaftungen, Bestrafungen und Ermordungen politischer Gegner, die Umsetzung des Euthanasieprogrammes (systematische Beseitigung körperlich und geistig behinderter Menschen als Form der Rassenhygiene[60]), die Ausrottung der Juden in Deutschland und den besetzten Gebieten und die Gräueltaten an der Zivilbevölkerung in den besetzten Gebieten.[61]

---

[57] Vgl. Liepach, Martin; Nationalsozialismus und Zweiter Weltkrieg; 2. Auflage; Freising, 2009; S.65
[58] Vgl. Benz, Wolfgang; Der deutsche Widerstand gegen Hitler; 1. Auflage; München, 2014; S.13
[59] Wendt, Bernd; Deutschland 1933-1945. Das Dritte Reich. Handbuch zur Geschichte.; 1. Auflage; Hannover, 1995; S.335
[60] Vgl. http://de.wikipedia.org/wiki/Euthanasie (17.05.2015)
[61] Vgl. Herder, Raimund; Wege in den Widerstand gegen Hitler; 1. Auflage; Freiburg, 2009; S.22

War die Angst vor den Schikanen der Nationalsozialisten so groß? Oder war der Glaube an den deutschen Herrenmenschen die eigentliche Ursache?

Aus der Machtergreifung der Nationalsozialisten und den damit verbundenen Folgen ziehe ich für die heutige Zeit folgende Schlüsse:

Die demokratischen Bewegungen müssen vereint gegen jeden antidemokratischen Ansatz vorgehen. Parteipolitisches Taktieren ist dafür völlig ungeeignet.

Gegen antidemokratische Organisationen und Aktivitäten muss man mit aller Härte und Ausschöpfung aller Mittel der Demokratie vorgehen - eine Demokratie ist nur so stark wie sie sich zu wehren versteht.

Bei ökonomischen Problemen, Perspektivlosigkeiten und hohen Arbeitslosenzahlen tendiert die Gruppe der vermeintlich Benachteiligten dazu, „Schuldige" zu finden. Diese Tendenzen müssen frühzeitig mit allen demokratischen Mitteln verfolgt und unterbunden und die wahren Ursachen der Probleme beseitigt werden.

Die Bevölkerung muss verstehen, dass Demokratie viele Rechte und Chancen für den Einzelnen ermöglicht, dass Demokratie aber auch Pflichten und Komplexität beinhaltet. Und das Demokratieverständnis beginnt damit, dass man sich politisch einbringt und z.B. durch den Gang zur Wahl seine Stimme für die weitere Entwicklung der demokratischen Gesellschaft abgibt.

6. Literatur- und Quellenverzeichnis

Bald, Detlef; Die Weiße Rose; 2. Auflage; Berlin, 2003

Benz, Wolfgang; Der deutsche Widerstand gegen Hitler; 1. Auflage; München, 2014

Benz, Wolfgang; Pehle, Walter u.a.; Lexikon des deutschen Widerstands; 1. Auflage; Frankfurt a.M., 1994

Berg, Rudolf u.a.; Kursbuch Geschichte; 1. Auflage; Berlin, 2007

Fromm, Hermann; Basiswissen Schule - Geschichte; 1. Auflage; Mannheim, 2011

Herder, Raimund; Wege in den Widerstand gegen Hitler; 1. Auflage; Freiburg, 2009

Matthiesen, Wilhelm; Kompaktwissen Oberstufe: Geschichte; 4. Auflage; Mannheim, 2011

Möller, Lenelotte; Widerstand gegen den Nationalsozialismus - von 1923 bis 1945; 1. Auflage; Wiesbaden, 2013

Liepach, Martin; Nationalsozialismus und Zweiter Weltkrieg; 2. Auflage; Freising, 2009

Schreiber, Gerhard; Der Zweite Weltkrieg; 5. Auflage; München, 2007

Statistisches Bundesamt: Statistisches Jahrbuch 2011, Lange Reihen: Bevölkerung nach dem Gebietsstand, Berlin, 2011

Überschär, Gerd R.; Für ein anderes Deutschland; 1. Auflage, Frankfurt, 2006

Voegelin, Eric; Die politischen Religionen; 3. Auflage; München, 2007

Van Roon, Ger; Widerstand im Dritten Reich; 7. Auflage; München, 1998

Weber, Herbert; Die Befreiung des KZ Auschwitz in: Focus; 05/2015

Wendt, Bernd; Deutschland 1933-1945. Das Dritte Reich. Handbuch zur Geschichte.; 1. Auflage; Hannover, 1995

http://de.wikipedia.org/wiki/Nationalsozialismus (15.05.2015)

http://de.wikipedia.org/wiki/Drittes_Reich (18.05.2015)

http://de.wikipedia.org/wiki/Geschichte_Deutschlands#Weimarer_Republik_.281918.2F19.E2.80.931933.29 (18.05.2015)

http://www.volkerbehrens.de/daten/Zusammenfassung%20Weimarer%20Republik.pdf (18.05.2015)

http://www.bpb.de/politik/hintergrund-aktuell/69009/beginn-zweiter-weltkrieg-30-08-2010 (16.05.2015)

http://de.wikipedia.org/wiki/Zweiter_Weltkrieg (18.05.2015)

http://de.wikipedia.org/wiki/Reichstagsbrand (18.05.2015)

http://de.wikipedia.org/wiki/Claus_Schenk_Graf_von_Stauffenberg (16.05.2015)

http://de.wikipedia.org/wiki/Reinhard_Heydrich (18.05.2015)

http://de.wikipedia.org/wiki/Euthanasie (17.05.2015)